So, I want you to forget about the damage we have been doing to each other lately. I want you think in the good moments we have had together and the ones that are almost at hand... So for all these reasons I also send you roses, all these roses to celebrate our love. They are all the kisses I would like to give you, small and sweet K

Happy St Georges' Day (A

All my love and Roses,

Laura

EL ROTO
EL FOGONERO DEL TITANIC

EL ROTO

EL FOGONERO DEL TITANIC

1997-1998

Prólogo de
Miguel Ángel Aguilar

temas'de hoy.

Paseo de la Castellana, 28. 28046 Madrid
Diseño de cubierta e interior: Rudesindo de la Fuente
Primera edición: febrero de 1999
ISBN: 84-7880-976-7
Depósito legal: M-3.967-1999
Compuesto en J. A. Diseño Editorial, S. L.
Impreso y encuadernado en Artes Gráficas Huertas, S. A.
Printed in Spain–Impreso en España

ÍNDICE

Shine se apellidaba aquel fogonero
que alimentaba la caldera con esmero.
Estaba comiendo un plato bien condimentado,
pero ya el agua el plato se ha llevado.
Capitán, dijo, estaba comiendo un plato bien condimentado,
pero ya el agua el plato se ha llevado.
Dice el capitán: ¿Acaso la temes?
¡Recuerda, Shine, cuánto me debes!
Shine, siéntate sobre tu culo negro,
que pondré en marcha la bomba desde cero.

H. M. Enzensberger, *El hundimiento del Titanic*

ESCLARECIMIENTOS Y HALLAZGOS

Esclarecimientos y hallazgos, eso es lo que nos brinda Andrés Rábago, El Roto. Son unos esclarecimientos y unos hallazgos aparecidos en las páginas de *El País* a lo largo de 1997 y 1998 y seleccionados por su autor, que nos devuelven la lucidez, la inteligibilidad. Son unos esclarecimientos y unos hallazgos de la genialidad expresiva de El Roto, que se sirve del trazo y de la palabra. Un trazo y una palabra tocados por la gracia de los elegidos. Trazo y palabra que en plena juventud se han hecho legendarios. Esclarecimientos y hallazgos, lucideces y genialidades, nacidos en cada caso del encuentro irrepetible que se produce cuando la inteligencia inclemente y compasiva de Andrés Rábago moviliza la destreza de sus manos y se enfrenta con el marasmo de la actualidad. Otros más versados deberán tratar las excelencias del dibujo de El Roto. En las líneas que siguen sólo intento arrimar el ascua al talento de Andrés Rábago tal como puede percibirse desde un ángulo periodístico.

Para ello es obligado volver sobre esa actualidad noticiosa, periodística, que tantas veces, como repite Cándido, enmascara la realidad. Recapitulemos. Vivimos en una permanente burbuja informativa. Amanecemos con los noticiarios radiofónicos, que nos acompañan hasta el lugar de trabajo. Buscamos la prensa escrita, si es posible pagada por cuenta ajena, de ahí nuestras insuficientes cifras de venta que tanto desdicen en las tablas de la UNESCO. Y permanecemos, durante todas las horas de vigilia, conectados a los medios electrónicos con paseos de internauta incluidos. Vivimos instalados en el aturdimiento, del que tantas veces sólo nos rescata para la lucidez El Roto. Pero a El Roto hay que merecerlo y por eso los responsables editoriales de *El País* lo guardan celosamente en páginas interiores, de forma que sólo sea accesible a los *connalseurs*. Nada de exhibirlo innecesariamente en las páginas de opinión. Sería demasiado fácil.

Partos, medos y elamitas, los que habitan Mesopotamia, Judea, Capadocia, el Ponto y Asia, Frigia y Panfilia, Egipto y las partes de Libia que están contra Cirene, y los forasteros romanos, judíos y prosélitos, cretenses y árabes, oímos hablar a la CNN y a los demás medios de la moderna pentecostés en nuestras propias lenguas sin enterarnos de nada. La información sobreabundante se ha desconectado del conocimiento y el conocimiento, desintegrado, ha dejado de conducir a la sabiduría. El dibujo y su leyenda que cada día El Roto publica en las páginas del cuadernillo madrileño de *El País* confirman que se puede actuar *local* pensando *global* o mejor aún desmintiendo que lo municipal deba ser necesariamente espeso o limitador de otros vuelos.

Sucede con la información lo mismo que tenemos observado en las inundaciones. Las gentes están en los tejados de sus viviendas, el líquido elemento lo ha anegado todo y sin embargo la primera y más grave carencia que aflige a todos los damnificados es la del agua potable. O sea, que las inundaciones informativas lo arrasan todo, la vegetación más débil pero también los árboles mejor arraigados, los ganados, los animales domésticos y la caza, destapan las alcantarillas y suman toda clase de infecciones. El resultado es una crecida tan amenazadora como impotable.

Insistimos en que hay un gravísimo déficit de inteligibilidad. En unas ocasiones como resultado natural de la acumulación, en otras por la activa voluntad de oscurecimiento o tergiversación que despliegan, como maniobra de diversión, los valedores de grandes intereses en juego. Todo núcleo de poder, cualquiera que sea su naturaleza, política, económica, social, religiosa, cultural, lingüística, sindical o de otra índole, en cuanto se constituye mínimamente como tal, se configura también *sub specie* de fuente informativa. Pero todas estas mañas para nada sirven con El Roto, que siempre ha carecido también del ánimo de agradar ni siquiera en el lugar de acogida. Una actitud que tanto facilita las trayectorias ascendentes. Su alergia a la domesticación y su frugalidad le han conservado útil para el interés general e inasequible al desaliento, además de muy delgado.

Es un hecho de observación universal que todos los poderes, desde el mismo momento en que se establecen, se aplican incansables a la tarea de difundir su buena nueva y de recabar asentimiento público para sus titulares. Porque de eso se compone el elixir más reconfortante que cabe a quienes han escalado ese pináculo del templo del poder desde donde tantas grandezas se contemplan. De ahí que todas las fuentes informativas, cualquiera que sea su grado de informalidad o de institucionalización, en cuanto dependen de un poder, sean en principio fuentes contaminadas de interés.

El Roto sabe que la información más auténtica es la información robada inadvertidamente a su propietario y procede con esa misma técnica depredatoria que le permite mantenerse ajeno a la propaganda descerebradora. Cuánto discurso o entrevista o declaración interminable donde lo único significativo es aquello que se le ha escapado sin querer al personaje. ¡Qué dibujo aquel donde un ciudadano ante el televisor exclamaba: «Menos mal que, de vez en cuando, interrumpen la propaganda para dar publicidad.»! Es el caso límite de algunos medios de comunicación, de propiedad pública, que se degradan hasta convertirse en el servicio doméstico del gobierno de turno. Pero el fenómeno de la sumisión tiene un radio mucho mayor y amenaza a todos como la erosión a los metales situados a la intemperie.

Así que el efecto perspectiva, la refracción, que sufren los hechos cuando son seleccionados como noticias para ser difundidas a través de un medio informativo, se añade al interés contaminante, no necesariamente espúreo, que muchas veces puede ser muy legítimo pero que, en todo caso, es favorecer de un sesgo, más o menos acusado, más o menos sectario, sesgo que sólo puede compensarse con el máximo contraste de fuentes plurales. Quienes trabajan para el público en la pista de los medios informativos, si lo hacen con honradez, tienen el deber primario de depurar las fuentes, que a veces manan aguas residuales, y ofrecerlas al consumidor con el mayor grado de potabilidad posible. Y aquí volvemos a encontrarnos con la maestría de El Roto. Su apariencia inofensiva no debe equivocarnos porque estamos ante una nueva versión de Atila: donde pone su rotulador no vuelve a crecer el tópico.

La noble tarea de quienes yo me sé, cualquiera que sea el lugar que ocupen en un medio informativo, consiste en intentar sin desmayo la versión fidedigna del acontecimiento. Una versión poliédrica, sometida a errores que deberán subsanarse en aproximaciones sucesivas, pero que desde el principio debe componerse indagando el punto de vista de todas las partes afectadas. Recuerdo ahora que este ejercicio de contraste estaba muy recomendado en los días que dirigí *Diario 16*, de marzo de 1977 a mayo de 1980, a cuyas páginas invité enseguida a El Roto, que apenas me sobrevivió cuando recibí la abrupta destitución de tales responsabilidades. Esas mismas preocupaciones impregnaron después aquellas *normas básicas para los servicios informativos* que preparó un colega muy amigo para que fueran pauta de conducta de los periodistas de la agencia Efe, cuando el abajo firmante usaba paletó.

En alguna ocasión comenté con El Roto que nos transmiten en directo la guerra del Golfo y creemos asistir a las fallas de Valencia, a un admirable espectáculo de luz y sonido, de trazas luminosas y estruendos de tracas. Pero la saturación visual nos deja sumidos en la más absoluta ignorancia. Cuánto mejor conocemos la guerra de las Galias *–Galia est omnia divisa in partes tres–* con la lectura de la narración de Julio César que las hazañas bélicas ofrecidas en directo por la CNN. Nos ahoga la información ininteligible y por esa pendiente nos despeñamos hacia la perplejidad y además sin la guía de Maimónides. Carecemos también de ese *manual de autoprotección contra la manipulación informativa* que reclamaban desde hace años unos avisados colegas alemanes. Quien pase las páginas siguientes advertirá también cómo nuestro autor nos protege frente a esos efectos de los rayos gamma sobre las margaritas.

Era en aquel Madrid de aquellos tiempos. Años 93-95. Cuando asistíamos a aquellas broncas estruendosas e ilustrativas en el Pleno del Congreso, cuando el conflicto entre el PP y el PSOE adquiría antagonismos de altísimo voltaje, cuando los erales soñaban verónicas de alhelí, cuando en el arco voltaico saltaba la chispa y una luminosidad espléndida lo invadía todo permitiendo al público ver la película de los acontecimientos en su más cruda realidad. Fue entonces cuando se escuchó la voz del poder en defensa de nuestro peculiar *intelligence service*. Para decir que el deber de estos servicios era ofrecer resultados sin facilitar procedimientos. Fue una respuesta contundente en apariencia pero que dejaba intacta e irresuelta la cuestión planteada por una oposición magnífica en el cumplimiento de sus malicias. Porque los resultados están siempre impregnados, son inseparables, están preanunciados en los métodos con los que han sido obtenidos.

Al llegar aquí habría que iniciar un capítulo sobre los métodos de El Roto pero se acaba el espacio disponible y la paciencia del editor. Baste decir que los avances científicos se han obtenido siempre de modo acompasado al progreso de los instrumentos de observación. Como la historia de la

Física demuestra, ha sido el perfeccionamiento de los instrumentos de observación, cada vez más precisos, el que ha obligado al abandono de determinadas concepciones teóricas y ha hecho necesarias nuevas formulaciones que dieran cuenta de los fenómenos que empezaban a observarse por primera vez y de los que nadie había dado antes razón. El Roto con sus inigualados instrumentos de observación sigue después la línea de Heissenberg y nos confirma que no conocemos la realidad sino la realidad sometida a nuestro modo de interrogarla. El suyo, concedamos, es tan implacable como compasivo.

CANTO I

EL AGUA EN LOS SALONES

¡HUNDA ALGUNOS HOMBRES!
¡HAY QUE REFLOTAR LA EMPRESA!
EL ROTO

LOS DESPIDOS FOMENTAN EL EMPLEO
¡TUS MUERTOS!
EL ROTO

TINTORERÍA
Change-exchange-wechsel
EL ROTO

MI MARIDO FABRICA LAS MINAS Y YO PRACTICO LA CARIDAD CON LOS TULLIDOS
EL ROTO

QUEREMOS
EL 100 %
DE TODO
EL ROTO

EN UNA ECONOMÍA VERDADERAMENTE LIBRE, EL PAGO O NO DE LOS SALARIOS DEBERÍA SER OPCIONAL

DÉJATE DE EXÁMENES, TÚ HAZTE RICO, QUE LUEGO YA PODRAS ADQUIRIR CONOCIMIENTOS
EL ROTO

ESPAÑA VA BIEN, SI
INDIGENTES, NO
EL ROTO

A LOS POBRES LES PASAN ÚLTIMAMENTE TANTAS COSAS, QUE YA NO LE DA TIEMPO A UNA NI DE SOLIDARIZARSE
EL ROTO

NO TENEMOS NADA CONTRA LOS NEGROS
SIEMPRE QUE ESTÉN DESNU-
TRIDOS, NATURALMENTE
EL ROTO

A LOS SECTORES MAS DÉBILES DE LA SOCIEDAD LES DAREMOS UN ABONO PARA UN GIMNASIO
¡Y QUE HAGAN PESAS!

POLITICA DE EMPLEO:
no perderlo nosotros
EL ROTO

OIGA
DIGA
EL ROTO

TENEIS QUE HACER UNA PARADA BIOLÓGICA
SI QUEREIS GALLETAS
EL ROTO

¡YATES, SI
PATERAS. NO. !
EL ROTO

LAS ACTIVIDADES DE LOS ESTADOS TIENEN COMO META EL BIENESTAR DE LAS SOCIEDADES
ANÓNIMAS
EL ROTO

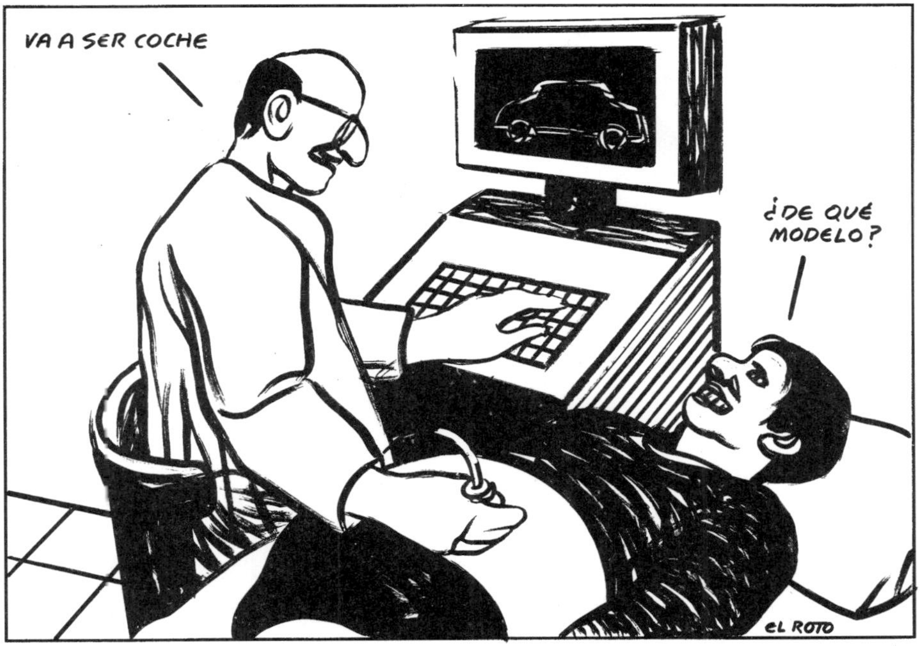
VA A SER COCHE
¿DE QUÉ MODELO?
EL ROTO

HAY QUE SEGUIR CON LA PROPAGANDA
YA CASI LOS TENEMOS CONVENCIDOS DE QUE EL CAPITALISMO FUNCIONA
EL ROTO

LA DEMOCRACIA ES UNA
FRANQUICIA DE WASHINGTON

HAY QUE TRATAR BIEN A LOS POBRES,
QUE TAMBIÉN SON DINERO
EL ROTO

LOS PALACIOS SON LA PUNTA DEL ICEBERG DE SUS MAZMORRAS
EL ROTO

¡HASTA LOS SINDICALISTAS SON DE EMPRE-
SARIALES! ¿NO ES MARAVILLOSO?
EL ROTO

PARA VOSOTROS LAS ALMAS
Y PARA NOSOTROS LOS CUERPOS
¡TRATO HECHO!
EL ROTO

VENCIDO Y DESARMADO EL MOVIMIENTO SINDICAL, EL CAPITALISMO HA CONQUISTADO LAS ÚLTIMAS POSICIONES
LA GUERRA HA TERMINADO
EL ROTO

MI MARIDO ME HA REGALADO UN ABRIGO DE PIEL, PERO NO ME HA DICHO A QUIÉN SE LA HA ARRANCADO
EL ROTO

¿QUÉ SERÁ MAS EFICAZ, CONGELARLES EL SALARIO O DEJAR A LOS OBREROS A LA INTEMPERIE?
DEPENDERÁ DEL CLIMA
EL ROTO

OFERTA
DE
EMPLEO
se necesitan
25
máquinas
EL ROTO

EN CASI TODOS LOS LINGOTES
APARECEN HUESOS
EL ROTO

CADA DÍA ES MAS DIFICIL LLEGAR AL BANCO SIN PISAR A UN POBRE
EL ROTO

RECUERDA QUE EL MERCA-
DO LO VE TODO
SI, SOR LIBRE
COMPETENCIA
EL ROTO

EL SOL BRILLA IGUAL PARA RICOS QUE PARA POBRES POR UN PROBLEMA TÉCNICO QUE PRONTO QUEDARÁ RESUELTO
EL ROTO

AVISA A MIS EMPLEADOS QUE SE PONGAN A DIETA, QUE QUIERO ADELGAZAR

¡PERO ¿QUÉ CLASE DE TRABAJO HACES EN ESE DESPACHO, QUE VIENES SIEMPRE DE MIERDA HASTA EL CUELLO?!

LAS BOLSAS SON NUESTROS
SANTOS LUGARES
ONE DOLLAR
EL ROTO

¡SANTO CIELO, LAS PLUSVALÍAS!
EL ROTO

UN BANCO SUIZO ES ESE LUGAR DONDE TE ACEPTAN UN DIENTE DE ORO SIN PREGUNTAR A QUIÉN SE LO HAS ARRANCADO
EL ROTO

—YO NO ME VENDO
—PRUEBA A BAJARTE EL PRECIO
EL ROTO

CANTO II

LA CHUSMA DE ENTREPUENTE

¡NADA, QUE NO SE TIRA NINGÚN BANQUERO!
¡TEN PACIENCIA, YA CAERÁN!
ECONOMIA
EL ROTO

FISICA
TICAS
EL ROTO

NO QUIERO LIMOSNA, QUIERO UN PORCENTAJE
EL ROTO

A LOS PESIMISTAS HISTÓRICOS OS VAN A MANDAR
A UN PSIQUIATRA DE LA BANCA
EL ROTO

HAY MÁS POLICÍAS PORQUE HAY MÁS DROGAS
¿O SERÁ AL REVÉS?
EL ROTO

¡MARCIAL, NO SEAS LOCO!
¡VAMOS A LA FARMACIA A ROBAR UNOS SUPOSITORIOS!
EL ROTO

LAS GUERRAS SIRVEN PARA DAR DE COMER A LOS TELEDIARIOS
EL ROTO

LO MEJOR DE LAS MONARQUÍAS SON SUS FUNERALES
EL ROTO

LA MILI LABORAL SON TRES AÑOS DE PARO Y SEIS DE CONTRATOS BASURA
EL ROTO

INTELECTUAL ES EL QUE REMATA DE CABEZA
EL ROTO

NOS LLAMAN MARGINALES PORQUE NUNCA ENTRAMOS BIEN EN SUS ENCUADRES
EL ROTO

EN RUSIA NUNCA LLEGAMOS A SABER LO QUE ERA EL COMUNISMO
EN CAMBIO QUÉ ES EL CAPITALISMO LO HEMOS DESCUBIERTO ENSEGUIDA
EL ROTO

¡ALGÚN DÍA SERÉ COCHE!
EL ROTO

GRUPO DE AFRICANOS CELEBRANDO, ESPERANZADOS, LA CAIDA DE CUALQUIERA DE SUS GOBERNANTES

LAS MADRES TERESAS PASAN, LAS CONDICIONES DE MISERIA, PERMANECEN
EL ROTO

¡LO PEOR DE TODO ES QUE LOS VIRUS QUE HE PILLADO ESTÁN PATENTADOS Y ME QUIE-REN COBRAR POR ENFERMAR!
EL ROTO

LOS REYES SON LOS PADRES, Y PAPÁ NOEL UN PARADO DISFRAZADO
¡MENTIRA!
EL ROTO

¡A VER QUÉ PONEN HOY!
EL ROTO

EN IRAK NOS HA TOCADO UN PLAN MARSHAL PERO AL REVÉS
EL ROTO

¡MENOS ALÁS Y MAS SUPERMERCADOS!
EL ROTO

TIENES QUE SABER APROVECHAR LAS VENTAJAS DEL MERCADO, POR EJEMPLO, SI SUBE EL ACEITE Y BAJA EL PETRÓLEO, LO INTELIGENTE ES ADE-REZAR LA ENSALADA CON GASOLINA
EL ROTO

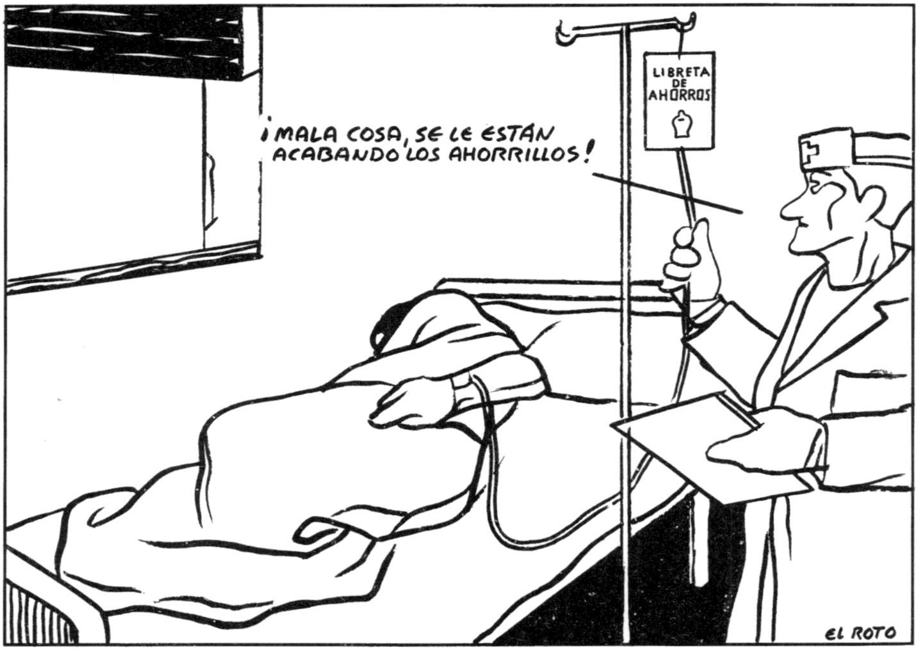
¡MALA COSA, SE LE ESTÁN ACABANDO LOS AHORRILLOS!
LIBRETA DE AHORROS
EL ROTO

QUEREMOS
CONTRATOS-BASURA
BLINDADOS
EL ROTO

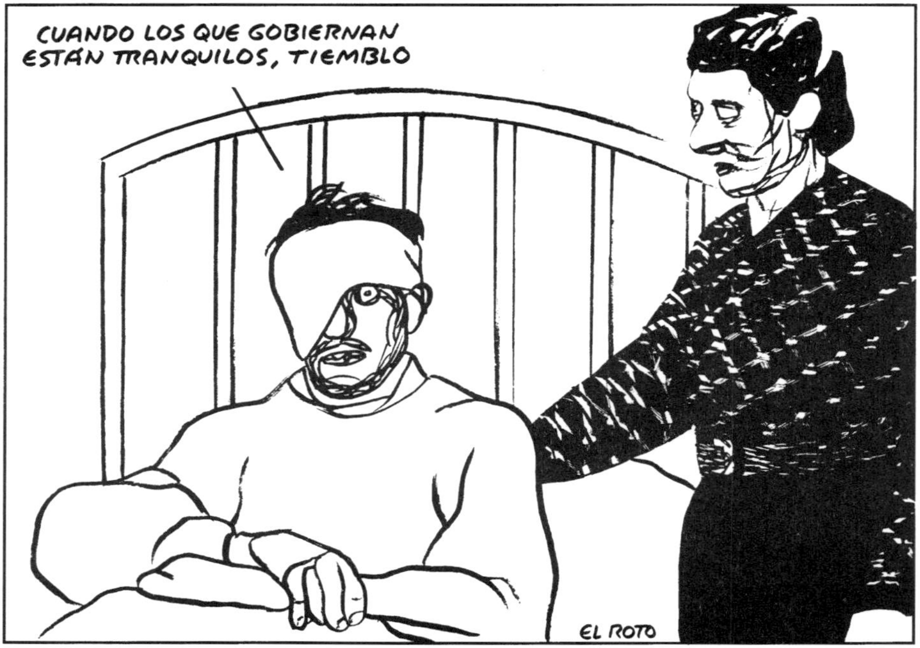
CUANDO LOS QUE GOBIERNAN ESTÁN TRANQUILOS, TIEMBLO
EL ROTO

ANTES SEMBRABAMOS PATATAS,
AHORA CULTIVAMOS SUBVENCIONES
EL ROTO

ESTOY TAN CANSADO DE BUSCAR TRABAJO, QUE CUANDO LO ENCUENTRO, NO RINDO

NO LLEGO A FIN DE MES
CALLA, NO VAYAS A DESANIMAR A LOS INVERSORES DE LA BOLSA
EL ROTO

LA ECONOMÍA EVOLUCIONA FAVORABLEMENTE
¿PARA QUIEN?
¡Y ESO QUÉ IMPORTA!
EL ROTO

NO TE PREOCUPES, PAPÁ, QUE YO TE DARÉ LIMOSNA
TE ADVIERTO QUE CUANDO SEA MAYOR NO PIENSO FINANCIAR TU PENSIÓN
EL ROTO

¡QUÉ COSA TAN RARA!
CUANTO MÁS ACORTAN LA JORNADA LABORAL, MÁS HORAS TRABAJAMOS
EL ROTO

NOSOTROS VAMOS A TENER TODOS LOS HIJOS QUE NOS MANDE EL SEÑOR MINISTRO DE LAS PENSIONES
EL ROTO

¡POBRE, AHORA QUE ESTABA A PUNTO DE CONSEGUIR UN CONTRATO INDEFINIDO!
EL ROTO

EN NUESTRO HORMIGUERO NOS HA ENTRADO
UN MANAGER Y ESTAMOS ATERRADAS
EL ROTO

TENGO UN MASTER DE ESCLAVO EN UNA PLANTACIÓN DE ALGODÓN
¡ESO SE VALORA MUCHO!
EL ROTO

LAS RICAS TIENEN HIJOS
NOSOTRAS SÓLO PARIMOS BOCAS
EL ROTO

¡..Y GANARÁS EL PAN CON EL SUDOR DE TU FRENTE!
¡VALE, PERO CON CONTRATO!
1 MAYO
EL ROTO

VOY A LA BOLSA A COMPRAR UNAS ACCIONES DE ESAS QUE ANUNCIAN PARA PONERLAS REHOGADAS
EL ROTO

LAS AGUAS SE NOS LLEVARON LAS CASAS QUE NO TENÍAMOS
EL ROTO

DÉJATE DE GAITAS, EL MEJOR FONDO DE PENSIONES ES MORIRSE PRONTO
EL ROTO

LO MAS DEPRIMENTE ES VOLVER DE VACACIONES
Y QUE TODO SIGA AHÍ
EL ROTO

CANTO III

A NADIE LE GUSTA AHOGARSE

FORO
DE OBSERVADORES
CIEGOS

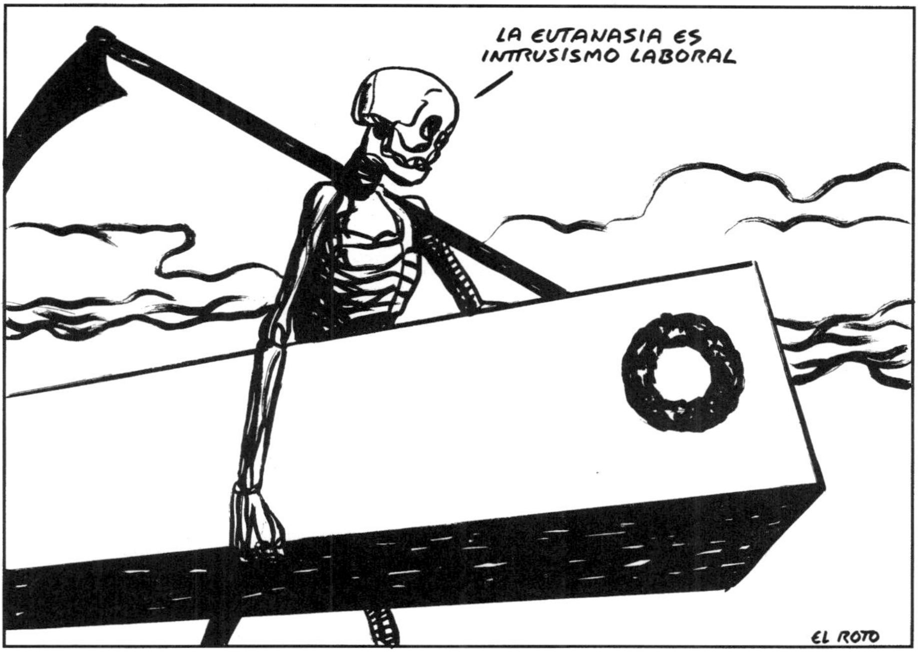
LA EUTANASIA ES INTRUSISMO LABORAL
EL ROTO

LOS VERDUGOS EXIGIMOS SEGURIDAD JURI-DICA Y LABORAL
ASI NO PODEMOS SEGUIR TRABAJANDO

CADA PARTIDA DE BOMBAS LLEVA
EL O'7 % DE ASPIRINAS
EL ROTO

directivos
870 PTS KG
operarios
430 PTS KG
EL ROTO

TODAS LAS ESPECIES EVOLUCIONAN,..
EXCEPTO LAS DE DERECHAS, NATURALMENTE
EL ROTO

ANTES CON LA CENSURA, NO PODÍA ESCRIBIR LO QUE PENSABA, Y AHORA CON EL PENSAMIENTO ÚNICO, NO PUEDO PENSAR LO QUE ESCRIBO
Libertas
EL ROTO

LA ESENCIA DE NUESTRA DEMOCRACIA ES LA ALTERNANCIA EN EL INSULTO
EL ROTO

ANTES DE ESCUCHAR LO QUE DICEN, ENTÉRATE DE QUIEN PAGA EL MICRÓFONO
EL ROTO

YO, ANTES DE VER LOS TELEDIARIOS, SIEMPRE REZO POR LAS VÍCTIMAS
EL ROTO

Doñana, resumen
EL ROTO

PORTAVOZ
DE LA TIERRA

RIO CONTAMINADO
INDUSTRIAS DONANTES:

¿EL FILETE CÓMO LO QUIERE, MUY LOCO O POCO LOCO?
EL ROTO

CUANDO ERA JOVEN ME SOBRA-
BAN TODAS LAS LEYES...
.. HOY TODAS ME PARECEN
INSUFICIENTES
EL ROTO

MI PADRE FUÉ UN DONANTE DE SEMEN Y
MI MADRE UN VIENTRE DE ALQUILER
FORMAMOS UNA FAMILIA
MUY UNIDA
EL ROTO

¡VIVAN LOS NOVIOS!
EL ROTO

LOS OBISPOS MAS QUE CASAR..
.. ANILLAN
EL ROTO

YO OS DECLARO MARIDO Y MALTRATADA
EL ROTO

ESTAMOS AHORRANDO ODIO
PARA EL DÍA DE MAÑANA

PUEBLO
EN
FIESTAS
PELIGRO PARA VACAS,
TOROS, CABRAS, BURROS,
Y ANIMALES VIVOS
EN GENERAL

DIOS CREÓ AL HOMBRE Y A UN PAR DE ANIMALES DE CADA FANATISMO
KABUL
JERUSALEM
SARAJEVO
EL ROTO

¡NO CREAIS A LOS MUERTOS!
¡SON UNOS RESENTIDOS!
PINOCHET
EL ROTO

AZNAR ES TODO UNA RETROSPECTIVA
EL ROTO

JUZGAR A LOS TIRANOS SIGNIFICARÍA EL FIN DE LA CIVILIZACIÓN
EL ROTO

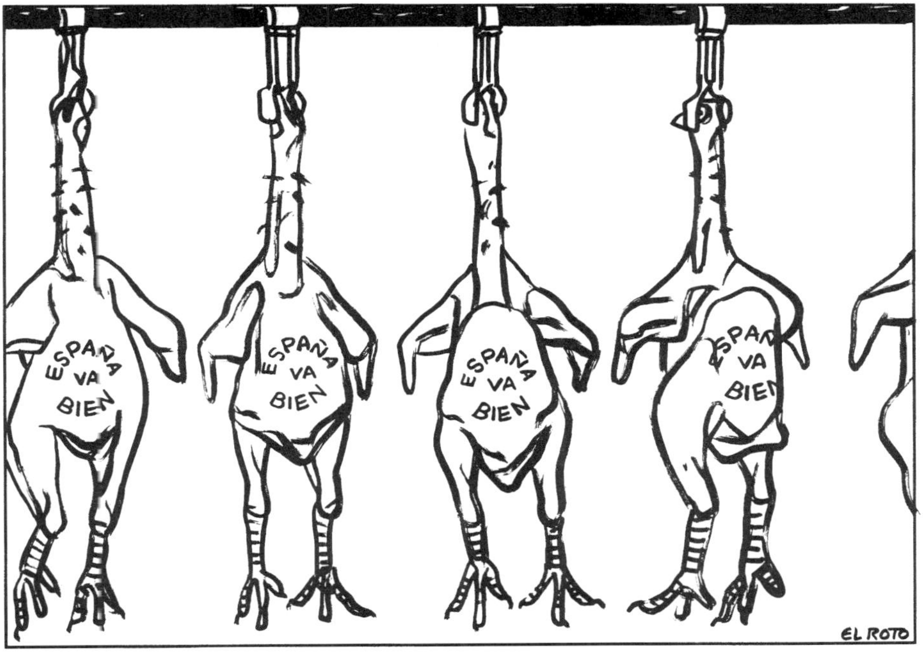
ESPAÑA VA BIEN
ESPAÑA VA BIEN
ESPAÑA VA BIEN
ESPAÑA VA BIEN
EL ROTO

GAL

LOS POLÍTICOS NACIONALISTAS VIVEN DE CORTAR CUPON A LA BANDERA
EL ROTO

SI GANA ETA SERÉ LEHENDAKARI
EL ROTO

LA SANGRE CADA VEZ
SECA ANTES
EL ROTO

¡NO SABEN LO PESADO QUE ES TENER QUE MATAR A MANO!
EL ROTO

¡ESTÚPIDO, TAMBIÉN UN DÍA YO FUÍ TÚ!
EL ROTO

¡SOY UNA NACIÓN!
VALE, VALE, NO GRITES
EL ROTO

RESERVA
NACIONALISTA
DE RAZAS
AUTÓCTONAS
EL ROTO

ESTABA YO PENSANDO QUE...
¡PENSAR NO ES PATRIOTICO!
EL ROTO

HERRIKO CAVERNA
F. H. CAVA
EL ROTO

la tregua

¡OJALÁ SEA POSIBLE LA LIBERACIÓN DE LOS PRESOS..
.. Y LA RESURRECCIÓN DE LOS MUERTOS!
EL ROTO

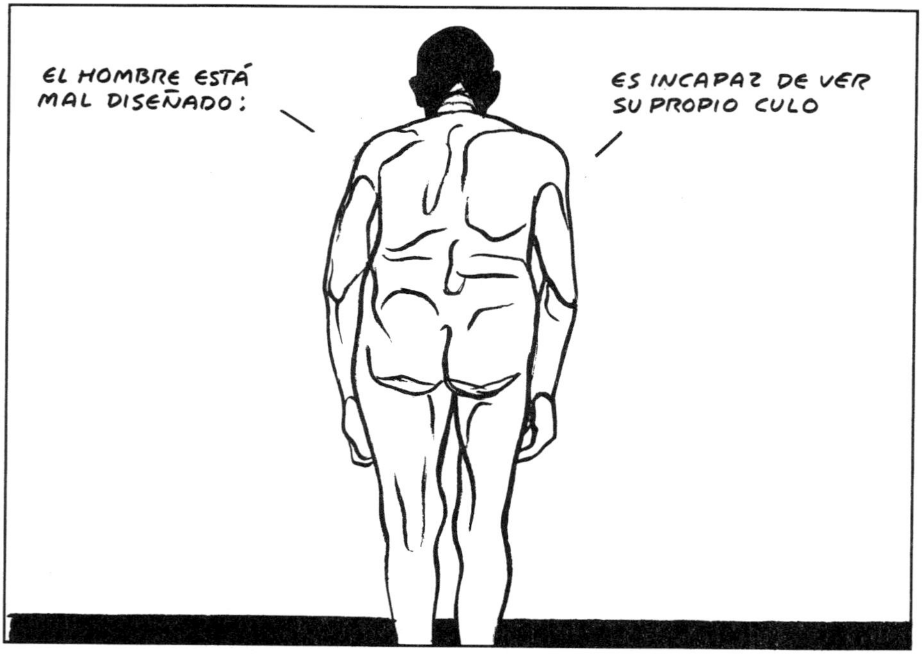
EL HOMBRE ESTÁ MAL DISEÑADO:
ES INCAPAZ DE VER SU PROPIO CULO